JN437831

11월 마지막은 어쩌면 흐림

11월 마지막은 어쩌면 흐림

박길목 시집

문학의전당

自序

시를 씀에 있어서나, 인생에 있어서나 정답은 잘 모른다. 하지만 오답은 알 수 있다. 모든 인생은 정답을 찾으려는 작업이 아니라, 오답을 피해가는 훈련일 것이다.

| 차례 |

1부

2부

3부

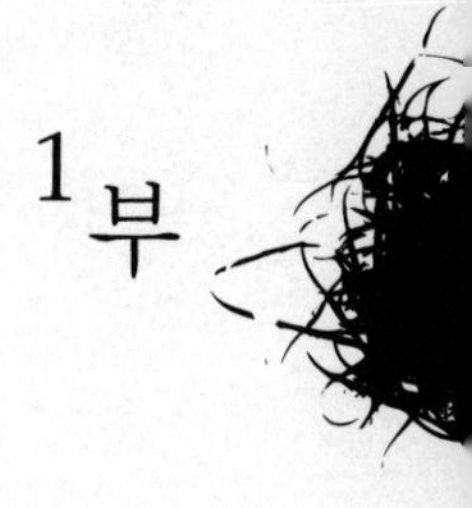

1부

위태로운 걸음

언제부턴가 어머니는
당신의 굽은 척추를 꺼내 지팡이 삼으셨다
땅을 밟는 일이 지겨워지신 걸까
차라리 토닥토닥 땅을 두드리며
땅속 안부나 묻는 게 마음 편해서일까
겨우 요 앞집 마실 가는 데도 수백 수천 번
땅을 두드린다

무척추 식물
할미꽃 등 굽어 있는
오후 시각이 얄밉도록 찬란하다

어느 가을나무 한 그루

나무들도 밤에는 잠을 잔다
밑으로 밑으로 속으로 속으로
한낮 반짝이던 노동을 애써 감추며
꿈도 필요 없다는 듯 곤한 잠을 잔다
그중 어떤 나무는 많이 힘들었던 모양이다
새벽까지 코를 골다 파르르 경련과 함께
뒤척이는 모습이란 퍽 안쓰럽기도 하다

가을이 깊어가는 무렵
어느 나무 한 그루가 기침을 심하게 했다
곁에 있는 나무가 팔을 뻗어
다정히 안부를 물어올 적마다
괜찮아, 괜찮아, 대답하지만
누렇게 황달 걸린 잎새들은
거짓말, 거짓말, 하며 우수수 떨어졌다
누구든 가을에는 거짓말을 자주했다

산림청 직원인가
동사무소 직원인가
하여간 다녀갔다

나무 이름 하나가
빨간 줄로 지워졌다

부싯돌

부딪쳐야 한다
뜨거움이란 게 그저 공으로 생기더냐
손과 손이 부딪치고
땀과 땀이 부딪치다 보면
어느덧 네 눈동자 속의 불꽃,
반짝 반짝 말씀하는구나
부딪쳐야 한다고 깨져야 한다고
온 가슴 활활 다 데우도록

거북이 타령
–진양조로 부르기

좀 더 있다 가
고개 높이 쳐들면 다칠지 몰라
요렇게 납작 엎디어 쉬엄쉬엄 기어 가
뭐 그리 멀리 바라볼 것 있남
눈만 똑바로 뜨면 먹을거리 지천인데
날씨 좋고 바람 시원코
맘씨 착한 동생 정훈이 막걸리 한 사발
흠흠 들이키다 몇 방울 콧수염에 걸리든 말든
살방, 살방, 시속 1미터
옛 동무 뛰놀던 그 동산으로 가

11월 마지막은 어쩌면 흐림

11月 창가에서 나는 정중히 가을을 배웅한다
이렇게 창밖을 바라보는 일이
뜬구름처럼 무심한 일상이겠지만
길이 길에게 길을 물어보는 삶의 교차로에서
우리 젊은 나날은 몇 잎 단풍으로 떨어져 어쩔 수 없다
더러 생각이 많은 나무들은 사유의 옷을 벗은 채 서 있고
푸른 정맥이 돋은 서늘한 언어로
둥지를 찾는 어느 작은 새의 깃에서부터
첫눈이 많이 내릴 것이란 예감, 무한대 파문 지는 바람의 예감
…生은 무작정인 것이라고
지평의 끝문을 열고 우우 달려오는 대륙풍의 신발 끈은
단단히 조여진 채 그 사실을 알리고자 함이었을까
저 홀로 저무는 거리 小女는 淑女가 되고
淑女는 다시 女人이 되어 모순의 세월을 밟고 가는데
흩날리는 머릿결마냥 마음 둘 데 없어
서른에서 마흔, 마흔에서 쉰으로 한탄강을 건너는 사내가
뿌옇게 김 서린 안경알을 닦는다
문득 그대 가슴에 허락되는 만큼의 얼굴을 파묻고 싶어진다
그리움은 쪼개어도 그리움뿐
빨간 우체통에 넣은 편지는 결국 너에게 닿지 못하고

마지막을 위해 달려가는 강물 곁에서 나는
슬며시 눈을 감는다

조개무덤
—오이도 매립지에서

바다를 떠나왔는지 바다가 떠났는지는 모를 일이다
간간 잡풀 머리를 딛고 오는 해풍의 소식에도 귀 먼 조가비 떼
혹은, 짠물 생각으로 목마른 모래톱에 뒹굴다 폐경기를 훌쩍 넘긴 주검아
모두 흑백 사진첩에서 꿈꾸는 어느 목선의 깃발이었으면 좋겠다
석회의 껍질을 한 겹씩 벗겨가는 시간이
무릎 관절을 삐걱거리며 먼, 먼 곳으로 자취를 감춘 뒤
장다리꽃과 교접하는 저 나비의 오르가슴을
갈맷빛 잡풀 속 무덤까지 끌어올 순 없던가
허나, 삶은 진창 뻘밭에 누워 느릿느릿 소멸하는 거겠지
닻을 내리고 수많은 나날 정박하면서
몸보다 큰 자궁을 열어 맞이하는 밤
천자문을 펼친 하늘, 글을 읽은 어린 별의 낭랑함마저도
결국, 결국은 말이야

무너지기 위해 일어서는 파도, 우린 네 소매를 붙들며 살았다
너를 따라 서해 끄트머리쯤 닿아보고
흥건한 취기로 사공의 뱃노래 허밍 합창을 하고
등 푸른 생선 같은 뭇섬에 자식 낳아 기르다보면

그랬지, 무너지는 세파의 법칙으로 깊어지는 해저의 길
뚜렷뚜렷 보았을 터
이젠 몇하지 말 일이다
평생 물의 살결을 애무하던 우리가 뭍으로, 뭍으로 쫓겼다 한들
흔들려 출렁대는 세상 이야기 주름처럼 새긴
세선의 물결무늬 외투 좀 벗는다 한들 뭐 그리 대수랴.

소리의 무게를 재는 저울

모든 귀[耳] 속에는 소리의 무게를 재는
저울 하나 들어있는 거겠죠
그 무게가 가리키는 바늘 눈금만큼
추억은 다복다복 만들어지는지 모를 일이죠
나 역시 바늘이 멈춰진
여러 소리 숫자를 간직하며 살아가는데요
가랑잎 어루는 바람의 노래도 그렇거니와
옛날 아주 떠난 사람의 "그럼 잘……."이라는 말씀도
높은 숫자로 남아 있답니다

어쩌면 오늘 아침처럼
꽃망울 터지는 나뭇가지에 앉아
순하디 순한 목청으로 나를 깨운 저 새의 발음도
아마 내 저울에 높은 숫자로 기록되겠지만요
종일토록 목이 터져라 내뱉은 내 소리는
왜 미동도 하지 않는 0의 눈금만을 가졌는지요.

낡은 휴대폰

기다리지 마세요 한다
어제 우리는 오늘 우리에게
기다리지 마세요 한다
언덕 길 코스모스도
실바람에 머릿결을 늘어뜨리면서
기다리지, 기다리지 마세요 한다
나는 하늘공원 벤치에 등 기대어
지난날 짓무르게 주무르던
그 눈빛 보일까 다시 보일까
낡은 휴대폰 들고 아무 생각 없었지만
물 한 모금 먹고 가는 구름 뒤를 흘끗 보고는
기다리지, 기다리지 마세요 한다

모퉁이 연가

꺾어지면 보이지 않는다
우리 골목 모퉁이랑
오솔길 끝에서 물끄러미 바보 된 산모퉁이 역시
돌아 꺾어지면 보이지 않는다
돌아 꺾어진 곳에는 언제나 아픔이 산다
스무 살 적 그 떫은 사랑,
저 모퉁이를 돌아가 아프다
올봄의 꽃도
부를수록 더 슬픈 어머니 이름도
저 모퉁이를 돌아가 아프다
허나 이제 모퉁이 앞에 앉아 아픔을 버리기로 한다
장문의 편지를 버린다
녹이 슨 청춘의 사진을 버리고
그 밑에서 음영처럼 떠도는 주소 없는 말들을
모두 버린다
아니 버리면서 말한다
어쩔 수 없다고 나지막이 말한다
나를 삼킨 해가 뉘엿뉘엿 저 산 모퉁이를 돌아 내려간다
내가 함께 저물어 간다

정동진역

만약 사랑 때문이라면
누구나 한 번쯤은 정동진을 가야 한다
바다가 앞마당인 그곳
느릿느릿 기차를 타고 뚜우 – 기적을 울리면서
몇몇 벤치가 낯설게 앉아 있는
이 간이역에 멈춰야 한다
그러면 맨 먼저
모래시계처럼 쌓여진 옛날이
수평선에 가물거릴 것이고
잠들지 못할 사랑 하나 키우며 위험스레 두근대던 마음도
벤치에서 가만 휴식하리니
그대여
아직 가슴속 파도치는 날이 많아 출렁인다면
발자국이 지워지는 정동진으로 가라
쓸쓸히 가라

폐경기

들꽃이 수채화를 그린다
이리 저리 몸을 흔들면서
가볍게 떨면서
가을, 가을, 하고 붓을 놀린다
산마을 빙 둘러 에둘러
저놈의 단풍 땜에 사랑은 뜨겁더냐
어제 죽은 꽃잎 이슬 어디로 가고
아, 시방은
머큐로크롬 같은 상처, 상처……

섬이 되고 싶다

나는 죽으면 섬이 되련다
그리하여 그 옛날 애인처럼
속살이 하얀 등대에 빨간 고깔을 씌우고
게으른 자만이 알 수 있는 기다림을
하루 종일 배울 것이다
때로는 흔들리는 파도에 흠칫 놀라기도 하겠지만
흔들림 속에서 점차
수평이 되어가는 온유의 법칙을 조약돌에 적으면서
모든 것은 이렇게 둥글게 되어가는 것이라고
내 뒤에 또 섬이 된 친구에게 전하고 싶다

가을 악보樂譜

아득한 들녘입니다
논배미 사이로 다섯 가닥 전선을 늘어뜨린
송전탑 하나 둘 꼿꼿한 허리로 서 있습니다
몸집이 작은 새들, 오늘따라 오선지 같은 전깃줄에 앉아
노래하는 음표가 되었나 보네요
목청을 돋워 저 멀리 사랑을 전송하는 합창을 하자
수많은 가을의 청중은 어깨동무를 하며 귀 기울입니다
간혹 철부지 풀잎들이 무대 앞에서 깡충거리며
깔깔대기도 했으나
누렇게 황혼 빛을 닮은 벼 이삭과 허연 머리칼로 쓸쓸한 갈대는
첫사랑처럼 아른거리는 젊은 날을 향해
고요히 고개 숙이고 말았답니다
새들은 음표를 바꾸며 갖가지 합창을 했습니다
초록빛 바닷물은 썰물이 되어 떠나고
푸른 하늘 은하수를 쪽배 타고 건너는 노래로 끝맺는 저녁무렵,
허공門을 열고 우우 몰려나오는 바람은
청중들을 일으키며 쏴아~박수를 보냈습니다

어느덧 외눈박이 별들이 기지개를 펴나 봅니다
아득한 들녘 바깥에서부터 세상 사람들이 켜놓은
가로등도 길을 밝히기 시작합니다
간간히 개가 짖고
삶의 지휘봉이 무거워 비틀거리는 술 취한 어느 사내의 발자국,
높은 음으로 웃다가 낮은 음으로 흐느끼며 걸어가는 소리
들. 려. 옵. 니. 다.

술잔

가까이 부딪치지 마라

깨진다

여정

내 사랑은 항시
피라밋처럼 쓸쓸한 것이어서
적막한 모래 벌에 살면서도
아무런 표정 짓지 못했네

어느 가을날
내가 거리로 나선 낙타였을 때 흔들려 오는
古代의 鍾보다 깊은 소리 있어
가만 귀 기울이면 아 아
바람과 마지막 인터뷰를 마친 나뭇잎들
소소히 떨어져 내렸거니

등에 산봉우리를 짊어지고
타박타박 티눈이 박이도록 걷다
우연스레 마주친 저물녘 비탈길,
웬 단풍은 그리 헉헉 숨 가빠하는지
치매에 걸린 큰 눈을 껌벅이며
낙타는 자꾸 목말라 했다

허공 영화관

느티나무가 홀로 살고 있는 언덕이 있다
나는 가끔씩 그 느티나무 언덕에 누워 하늘 허공을
바라보곤 하는데
어제는 그리운 영화를 몇 편 무료 관람했다

구름 출입구가 열리고 하늘 허공이 투명한 속살을 드러낼 때
나는 소년의 객석에 앉아 두근거렸다
은하 강물을 건너 언젠가 다정했던 소녀가 미소로 다가오자
나는 하마터면 소리를 지를 뻔했다
아쉽게도 소녀는 저 뒤켠 허공의 門을 열고
이내 사라졌다
잠시 예배당 종소리가 들려왔다

나는 청년의 객석으로 자리를 옮겼다
허공의 門이 열리는 순간 유순한 영혼들의 별들이
우르르 쏟아져 나왔다
그 중 북극성은 등대지기 우리 아버지와 비슷했다
그리고 그 옆에 작게 빛나는 숙녀는…….

여태껏 말 못하고 더듬거리고 있다

삼대三代

대한여객은 신작로를 덜컹거리며 달렸다
포플러 가로수가 차창 밖을 스칠 때마다 나는
저 나무들은 누군가를 오래 기다리며 서 있는 사람일 거라
생각했다
우리 가족이 언제부터 대한여객에 몸을 실었는지는
전혀 기억나지 않는다 다만 때가 되면 정류장에 차는 멈춰
정든 얼굴이 하차하고 새 얼굴은 승차한다는
단순이론만을 터득했을 뿐이다

대한여객은 고속도로를 한참 달렸다
어느새 나도 흰머리가 희끗희끗한 중년이 되어 있었다
차창 밖 단풍으로 물든 산야가 눈자위를 맵게 했다

아버지가 뒷좌석에서 일어나 하차를 서두르신다
—다음 정류장에서 내려야 한다
—좀 더 있다 가세요 아버님
—아니다 여기 곳간 열쇠다 살림 잘 꾸리거라…….
아버지는 정류장에 내려 손을 흔들고는 이내
단풍이 서편제를 열창하는 산으로 올라가신다
옛날 신작로 정류장에서 하차했던
우리 할아버지 그 모습 그대로였다

그림자 두 개

그림자 두 개가 길을 간다
맛있는 게 먹고 싶어 침을 질질 흘리는 작은 그림자와
어느 여인에게 침을 질질 흘리다 소박맞은 긴 그림자가
구불구불 비탈길을 올라간다

꽃이 피었다 지고 또 새는 울어 심심하다

그림자 두 개가 길을 간다
구불구불 비탈길을 내려간다
작은 그림자는 길어지고 긴 그림자가 작아진다
길어지는 그림자가 작아지는 그림자에게 툭 내뱉는,
―어르신, 그러면 못써요 늙어도 곱게 늙어야지…….
―이런 싸가지 없는 놈의 자슥 좀 컸다고 지랄대네 그랴

꽃이 피었다 지고 또 새는 울어 심심하다

구불구불 비탈길을 내려간다
그림자 한 개만 덜렁 걸어간다

2부

폭설

기도문을 읊조리며 낙하하는 상형문자다
요란한 적막이 묵비권을 행사하고 있다
물로 빚은 꽃잎, 雪花가 뜨거운 마을에서
모든 발자국은 물 위를 걷는다
수면에 탁족을 뜨고 있는 중이다
탁족을 뜨다
어디 지금 묻히는 것이 이름뿐이겠는가
우리 마을을 다녀간 걸음뿐이겠는가
쌓여라
덮어라
허공의 눈물로 빚은 적막한 이름아
꽃잎아!

독서론讀書論

숲을 거닐었다
나무들은 대부분 자음과 모음의 이파리들을
식솔처럼 우수수 매달고 있었다
방문객은 오솔길에 멈춰
이 생각과 저 생각을 꿰매보다가
바람의 상투 끝에 앉아 상승하는
어느 나뭇잎 하나를 쫓아가느라 잠시 멀미가
나기도 했다
이 숲 속을 지나치는 사람들은 퍽 평온해 보였다
내림의 미학을 강의하는 계곡의 물줄기를
모두 가난한 얼굴로 따라가고 있었다

천둥에게

천둥아,
그렇게 소리 지르지 말아라
네 발 밑에 사는 사람들
따지고 보면 마음 아파 절뚝거리는 사람들
큰 길 피한 골목길
지독히 캄캄할 때까지 숨고 숨어
우르우르 소나기 같은 눈물
시원스레 뿌려보지도 못한 사람들
천둥아,
그렇게 함부로 말하지 마라
고개 숙인 사람들
내일보다 오늘이 더 고마운 사람들

꿈새

새가 되는 꿈을 꾸었다
아니
새는 내가 되는 꿈을 꾸었을 게다

휘익, 시방 막

이편과 저편을 오가는
보이지 않는 금이 그어지고 있다

사라지고 있다

둥지

일기예보는 심상치 않았다
올겨울은 유난히 길고 추울 거라는 예감이다
벌써 시베리아 벌판에서 달려온 된바람이
졸가리를 후려치고 가기 일쑤다
겁 많은 어린 나무는 비명을 지르기도 하고
퇴행성관절염을 앓는 고목들은
무릎과 허리를 제대로 펴지 못했다

얼마 전부터 숲 속 마을은 술렁대기 시작했다
마을 입구에 붉은 철거딱지가 붙고 난 이후다
저쪽 산 1번지부터 벌목꾼들이 전기 톱날을 들이대며
나무 밑동을 자르기 시작했고
둥지에서 갓 알을 깨고 나온 어린 새들은 영문도 모른 채
죽어갔다
날 수 없는 날갯죽지가 한없이 원망스러웠을 것이다
에미새는 하늘에서 목청껏 악다구니를 써보았지만
철거반원의 전기 톱날 소음에 어림없이 파묻히고 말았다

요즘 아버지는 퇴근이 늦어졌다
아마 걱정거리를 안주삼아 약주를 자주 드셨을 터이다

힘든 노동판에서 이골 난 아버지의 부리에는 굳은살이
수없이 배어 있다
우리 여섯 식구는 아버지의 근육질 날개와
피멍 투성이의 부리의 힘으로 근근이 살아왔다
지난 밤 어머니와 아버지는 밤새 한숨만을 쉬었다
이사할 비용이 엄두가 나지 않았을 터이다
우리 숲 속 주민들이 머리에 띠를 두르고 항의를 해보았지만
전혀 의사소통은 이루어지지 않았다
마을 이장인 아버지는 언제나 목이 쉬어 있었다

눈이 펑펑 쏟아지는 오후 수업 중이었다
우리 교실을 노크한 비둘기반 선생님은 담임께
뭐라고 귓속말을 건네었다
담임선생님은 내 이름을 호명하시고
빨리 집으로 가라 했다
불안이 엄습한 표정이었다
나는 5분 거리를 쏜살같이 비행하여 우리 숲 속 마을에 다다랐다
마을 주민들은 우리 집 주위를 빙 둘러 날고 있었고
그 뒤로 어머니의 흐느낌이 희미하게 들려왔다

탕. 탕. 탕.
망할 놈의 공기총…….
아버지는 더 이상 날지 못했다
대지 위에 가쁜 숨을 몰아쉬며 마지막인 듯
우리 둥지를 한번 올려다보셨고
철거딱지 같은 아버지의 붉은 선혈이 눈길을 싸늘히 적시는
오후는 그렇게 흘러갔다

오래된 물건

뚜껑을 열어 빈 장독 안을 들여다보면 세월을 곰삭힌 정적이 그윽합니다 유년의 어리광으로 모가지를 쭈욱 빼어 하알머니 하고 뚜렷이 발음했을 때 항아리 밑자리엔 소리를 잡아먹는 저승鬼가 살고 있는지 우~웅 뼈다귀만 남긴 저음의 메아리가 어슬렁어슬렁 이빨을 쑤시며 되돌아 올 뿐입니다. 지독히도 짠맛을 비워낸 독백 속에서는 모든 소리가 이렇게 죽어간다 생각했습니다

그날 할머니는 장독대에서 반나절을 살았다 햇빛이 좋다 싶으면 뚜껑을 열어야 제 맛이 우러나는 벱이여……. 목석 같은 메주와 적도의 수평선에서 빨간 고추랑 정사를 벌이다 온몸이 타버린 숯덩이 몇 개 떠있는 곳, 할머니는 손가락을 찍어 장맛을 본다 알싸하게 진저리치는 혓바닥에 고개를 끄덕이며 그래 그래 이 맛이 나오기까지 맨입으론 어림없지 암. 쓴 것 단 것 다 삼키고 속으로만 타야 하지 천둥산을 넘어오는 비구름이 가슴 쾅쾅 치는 장마 같은 눈물도 쉿, 부정 탈라 입 다물고 무거운 마음의 뚜껑으로 몰래 눌러 죽여라 속으로만 타야 한다 속으로만

마지막 한 바가지를 퍼냈습니다 이제 출렁거리던 항아리의

가슴은 맑고 평안해 보입니다 장독대를 기어오르는 입 벌린 채송화들의 합창이 끝나고 기적을 울리며 하늘 저편으로 사라지는 조각구름은 칠판을 지우는 지우개 같았습니다 그 후 무수히 재잘대던 감꽃이 떨어지던 때이던가요 콧수염 거뭇거뭇한 내가 세상의 짠맛을 알 때쯤이던가요 무거운 항아리 뚜껑이 닫혔습니다 기별이 끊긴 먼 길의 할머니를 위해 누군가 고무신, 하얀 고무신을 냇물에 띄워 보낸 날이었습니다

들불

들불이다, 들불이다
미산벌 논배미마다
어훌렁 더훌렁
煙霧의 춤사위 난장을 연다
불이 탄다, 불꽃이 핀다
남정네 속까지 까맣게 태우고
저희끼리 몸 섞어 화냥년이 된 불의 꽃잎
꽃잎이여, 나를 달구어라
헉, 헉, 헉
아랫도리 후줄근 적셔오는 따숨
부끄럽지 말아야 헌다
수줍지 말아야 헌다
이 땅의 허벅지 사이로
한 번 더 한 번 더 간절히 射精하고 싶은 농심아

농부는 허수아비여
눈 비비고부터
산그리메 울러멜 때까지
콩깍지 터질듯, 아픔의 시간도 없는
온종일 등 굽은 허수아비여

누가 말해 주겠느냐
한 톨 한 톨 알곡을 헤아리다
주름 같은 고랑 고랑에 세월 묻은 마음,
삽을 꽂고 태우는
탕약처럼 쓴 담배도 잠시
이러다 날 저물라 날 저물라
엉덩이 털고 발딱 일어서야제
불살라라
도포자락 휘날려 입동을 재촉하는 북풍아
달 보내고 해 보내고
무슨 심사 그리 많아
동동 밑동만 남은 벼 뿌리 흔드느냐
차라리 불사르라
사방팔방 지천으로 깔린
쭉정이며 잡놈풀이며
목을 비틀어, 비틀어
화르륵, 화륵 불사르라
들불이다

단애斷崖
—채석강에서

길이 끊겼다

바다 쪽으로 허리를 굽힌 소나무는
절벽 위에서 망설이고 있다

지나던 달이 가지 위에 걸터앉아
턱을 괴고 깊은 생각에 빠진 듯하다

부지런히 기슭을 갉아먹는 파도와
수심을 들여다 본 달은 함께 흔들렸다

낮은 곳에 머무른 者만이 할 수 있는 일은
오름의 길을 스스로 지워가는 것

그렇게 바다는 밤새 절벽을 만들었다
근육에서 푸른 피가 솟았다

소나무 가지를 떠난 달은
멀리서 뒷모습을 보이고 있다

날이 밝자 끊어진 길이 뚜렷해졌다

강

갈 곳으로 가는 길이다

행장 없이 여러 마을 떠돌다보면
사연은 푹푹 깊어지는 법이고
구름 띄운 하늘을 닮아
푸르고 넓은 가슴이 된다

바람 불면 그리움 인다
머리칼 같은 그리움이다

일렁이는 파문으로 속살 가르면서
지난날 애써 잊으려 비를 맞는다

뻐꾸기 울음 세워 다가오는
山 그림자
저기 애간장 끓는 저녁놀의 이야기

모두들 잔잔히 가라앉자고
한 구비 휘돌아
나이 먹는다

높아지기를 뒤로하여
무릎에 힘을 빼는 水心

갈 곳으로 가는 길
주소 모른다

나무

우리가 헤엄치는 까닭은
절망으로 빠지지 않기 위함이다
차마 절망을 바라볼 수 없는 이유이다
날개를 달았거나
비늘 옷을 입고 심연 속에 바둥거리거나
한 세상 사는 법으로 헤엄을 친다
나도 매일 땅을 짚고 헤엄치다가
한눈팔아
한눈팔아
가끔씩 날개 달린 꿈으로
저 하늘 헤엄쳐 오르고도 싶지만
지상의 절망이 너무나 잘 보일까 두려워
눈 맞은 아내랑 나무가 되었다

그냥 뿌리박고 살았다

방생放生

너를 놓아주러 간다
산 넘고 들을 지나
바다가 보이는 강 뚝 언저리
눈에 넣어 아픈 노을을 잠시 바라보다가
넓고 깊은 꿈을 꾸라 너를 보낸다
돌아보지 말아라
평생 꼬리뼈를 흔들며
헤엄쳐 가야만 하는 길이 멀다
잠 못 이루는 밤
베갯머리에 찰랑거리는 소식을 들으며
먼 훗날 나는 섬이 되어 기다리려니
그땐 짠맛으로 달구어진
썩지 않을 네 붉은 아가미로
사랑의 술을 빚어 거르자
한 잔 붓고
한 잔 받다보면
그래 거나하게 취할 때쯤
너는 분명 세월에 대해 말하겠지
그러면 나는 쉿! 하리라
서로 얼굴만 바라보자고
그저 말없이 한 잔 하자고

옛 친구를 만나러 가다

현충일 동작동에 갔다
한강 물결만큼이나 출렁이는 군중 틈바구니 속에서
색깔 고운 꽃다발을 한 푼 에누리 없이
"향기 좀 많이 넣어주세요 할머니" 하며 고스란히 샀다
군바리 머리카락처럼 짧게 깎은 잔디밭을 지나
기상나팔을 잊은 죽마고우가
고요의 이불을 덮은 채 잠든 땅으로 가면
군복을 입고 사열해 있는 초록나무 잎새 잎새마다
주인 잃은 훈장처럼 쓸쓸히 걸린 아침햇살이여
〈하사 : 김 준 1981. 경기도 양평 전사〉
어느 뼈대 굵은 가문인 양 튼튼한 대리석 묘비명을
입 다물고 젖은 눈으로 읽어갈 때 불현듯 나는
더듬이를 앞세워 거꾸로 흐르는 목 쉰 강물 소리 들어야 했다

죄송해요 어머니
당신의 장남 준이는 지뢰를 밟았어요
잘려진 두 다리는 이미 저승에서 걷고 있겠죠
가랑잎도 피해 가라는 제대 말년
부디 건강하거라 품 속에 넣어주신 부적은
당신의 울음만 빨아먹고, 빨아먹고

결국 아무 소용없이 찢어졌네요
아버지와 두 아우 모두 사랑했다 전해주세요
어머니 정신이 혼미해져 와요
피를 너무 많이 흘렸어요
하지만 걱정 마세요
제가 가는 천국엔 지뢰밭 따윈 없을 테니까요

묵념의 끝은 잿빛이었다
평화로 길들여진 비둘기가 하늘에 놓인 길을 따라 날아갔지만
음각된 준이의 묘비명, 그 깊은 골은
할머니보다 더 늙어버린 어머니 가슴팍에 조각되었다
1분간의 사이렌이 만든 적막강산,
도화선처럼 얽힌 줄장미들의 덩굴은
예비해둔 붉은 폭음을 사정없이 터뜨렸고
나는 집으로 향하면서 고개 숙이면서
세상의 지뢰밭에 무사히 살아 있노라
오늘도 두 발 짚고 걸었던 것이다

雪

목수였던 할아버지
하늘國 匠人이 되셨는지
전생에 뛰놀던 구름의 등뼈를 깎으며
밭일 같은 마음으로
밭일 같은 마음으로
진종일 부르튼 대패질을 하시네
하늘도 땅을 향해 기도한다는 걸
소리 소문 없이 알려주고 싶었을까
하얗게 내림하는
저 온유한 呪文들 쌓이고 쌓여
손주들이 사는 마을 뒷산
끼니를 찾는 어미 새의
날지 못한 발자국을 따라 오르는 언덕배기엔
아, 그렇게
무덤보다 오래된 안부가
맘껏 젖어 빛나고 있었네

동행하지 못한 길에서

나이 들고 언제부턴가 내 가슴에는
저 멀리 눈길 주는 언덕 하나가 살게 되었다
가끔은 푸릇푸릇 잔디 돋은 그 언덕에 서서
해지는 나라로 닿는 강물을 잔잔히 바라보거나
사랑하다 죽어 별이 된 이름을 하나씩 불러주는 것이
슬프도록 즐거운 일이지만 고작 그것이지만
봄부터 겨울까지
미쳐서 아름다운 한때의 내 젊음아 젊음아 하고
나는 꼭 안개 낀 길목의 가로등만 한 눈물을
철없이 꾸벅꾸벅 흘리곤 한다

작은 유산

후미진 골목
버려진 작업복이 비를 맞고 있다
들개의 혓바닥처럼 속살을 내보이는 호주머니
실밥이 뜯겨진 채 공복을 채우려는 속셈이었는지
빗물을 들이키며 부풀어 있다
한때 어느 사내의 고단한 껍질이었을
한 벌의 옷
단추구멍만 한 희망을 열고 닫으며 다가오던
일상의 땀방울도
이제 흙의 체온을 닮아가고 있는 것일까

후미진 골목 깊숙한 자리
귀가를 서두르는 늙은 사내가
문을 닫고 들어가고 있다

3부

복권 두 장

콩나물을 사고 오던 길에 행여나 싶어
복권 두 장 사 가지고 온 마누라 싱글벙글이다
간밤 꿈을 기막히게 꾸었노라고
커다란 빌딩이 사정없이 불타더라고
가계부 적는 일도 잊어버리면서
"한 장씩 긁어봅시다" 한다
500부터 1억 원까지 골라잡다가
재수 좋으면 마티스 승용차도 보너스라
우리 내외는 화들짝, 동공에다 들불 지핀다
동전바퀴에 기합을 넣고
늦가실 시골마당 싸리 빗질하듯
하늘 천 따지 가마솥 밑 누룽지 긁듯
한쪽 귀퉁이부터
차근차근 차근차근

꽝탕이구먼.
우리는 머리를 긁적이며 키득거렸다
공복의 방 안
콩나물 대가리 두 개가 마주본다

배추꽃 피면

배추꽃 피면
울 할머니 텃밭에 나가보리라
흙아 잘 있었느냐 악수하면서
바뀐 주인장 이름도 물어보리라
배춧잎마다 울컥
하늘 그 푸른 울음이 출렁거릴 적
밭이랑 따라 머얼리 가던
할머니 하얀 고무신
배추꽃 피면 에움길로 돌아오실까
산 너머 배추흰나비
날갯짓 소리 훨훨

전시관 그림 21

열린 창문으로 풀무치 한 마리가 들어온다
덩달아 푸른 들도 따라와
작은 방에 여장을 푼다
지난밤 쏟아진 별의 비늘을 화장품처럼 바르고
풀잎은 처녀의 몸으로 돋아난다
아랫배에 우주의 알을 잔뜩 품은 채
풀무치는 꽃무늬 벽지에 앉는다
갑자기 벼랑에서 우우 꽃이 피어난다
풀무치 한 마리
내 이마에 더듬이를 붙여주고는
저 우주 바깥으로 날아간다

비켜가는 골목

너는 꽃을 들고 오고
나는 낙엽을 밟고 가는구나
너는 큰 그림으로 오고
나는 작은 그림이 되어 가는구나

이렇듯
우리 모두가 비켜가는 길은
서로 멀어지기 위해 만들어졌구나

송년送年

돌아보았다
내가 걸어온 길에게 많이 미안했다
오랜 여행으로 지치고
허리가 휘어버린 길,
드문드문 박힌 푯말은 예정의 끝을
km로 환산하고 있었다
다리가 아팠다
남루하고 진창이 된 신발은
천 근이었다
저 고갯마루만 넘으면 된다고
바람은 나무를 흔들며 호령했다
이어달리기하듯
숲에서는 파도가 밀려왔다
오래 묵은 울음이 터져 나왔다
신발을 벗고 싶었다

소원

52년 만에 뜬 가장 큰 보름달에게
52년 동안 살아온 내가 소원을 빌었다
돈 많이 벌어 부자 돼달라는 말 빼고
건강하게 오래 오래 살게 해달라는 말도 쑥 빼고
사랑한다 미안하다 용서한다 잘못했다
이런 것도 시간 없어 다 못하고
그저 딱 한 개만 빌었다

'살다보니 죄만 늘어 죄송하지만유
제 인생 너덜너덜 곰팡냄새 나도 조응께
제발 짠맛만은 잃지 않게 해주세유'

누군가 찻잔 속 호수 밑을 걸어간다

대웅전 뜨락입니다
나무들은 빈 가지로 허공의 깊이를 재고 있습니다
지난 밤부터 반야심경을 읊조리며 내리던 눈발은
山門을 지나고 사람의 마을을 지나
세상의 경계를 하얗게, 하얗게 지웠더랬습니다
그 중 몇몇은 빈 가지에 가부좌를 틀고 앉아
얼굴 환한 눈꽃으로 환생키도 하여 나는 하마터면
햇살 같은 노래를 다습게 부를 뻔했지 뭡니까
가끔 어디선가 정체 모를 바람이 불어왔습니다
속세의 그리운 이름을 호명하듯 흔들리는 풍경 소리는
어느 스님이 부어놓은 찻잔 속 푸른 호수를
기어이 파문지게 하고 말았답니다
잠시 눈을 감고 들여다보시겠나요
스님의 서늘한 눈매가 그믐달로 빠져 죽은
그 찻잔 속 푸른 호수 밑을 마음으로 한 번 보실는지요
낮아지고 낮아져 모든 세상 떠받치는 바닥에선 분명
향불을 켠 누군가가 사박사박 먼 길을 걷고 있을 겝니다

목련

또 한 차례 입주가 시작되었나 봐
아파트 1층부터 꼭대기까지 오르내리는
승강기 소리 멈추질 않아
엊저녁부터 수돗물 트는 소리
아이들 깔깔대는 소리
신경이 예민한 나는 잠을 설치고 말았는데,
근데 뭐지
나른한 몸을 이끌고 막 아침 출근을 서두르는데
101호 202호 303호…….
모든 가족들이 일제히 창을 열고
아저씨 안녕하세요오오
나를 깜짝 놀라게 한 저 환한 함성과 얼굴들은
다 뭐지?

아지랑이

무거운 기쁨보다 가벼운 슬픔이 되리라

옛날은 이렇게 흔들렸다 가면서 더 옛날이 된다고
가물거리는 문장으로 말하고 싶음이라

벚꽃동산

몸서리치게 좋았어라
밤 지새우고 해종일 몸살을 해도
우리 사랑은 무작정 좋았어라
입술을 포개고 몸과 몸이 애무를 하다
사방 십방 막 터지는 저 폭죽의 숨 막힘 속에
샛바람은 왜 그리 수줍다 도망가는지
몸서리치게 좋았어라
내일을 우수수 무너뜨리고
오늘은 무작정 오늘하고만 사랑하여 좋았어라

三月

삼월이.
내가 좋아하는 삼월이는
웃음도 헤퍼라
방금 세수를 끝마치고
화장대 앞서부터 배시시 방긋
온통 방 안에 흘리고
그것도 모자라
사방 지천으로 철딱서니 없이…….
고걸 콱,
숲 속으로 데려가면 어쩔까
부끄러운 듯 더 좋아하지 않을까
흠, 흠, 가시내
억센 팔뚝의 털북숭이 사내 맛 좀 보고
내일은 꼭 애길 배고 싶다고
흠, 흠,
삼월이 고 가시내

꽃피는 산골 2

자주는 아니지만
가끔 가끔씩은
우리 할머니 보고 싶어 야.

저잣거리
아지매 순댓집에 들러
트림 같은 탁배기 한 사발 시켜놓고
삐딱하게 기울어진 창밖에 눈길 줄 때면

저녁 햇살을 신고
서둘러 즈이 집에 찾아가는
구름도 무척 늙었더라만

어느 외딴집에서 군불을 떼고 있는지
정지문 들락거리는 할머니 몸빼 바지는
먼 파도이듯 그리
눈에 삼삼거려 야.

묻어두기

땅을 팝니다
녹슨 삽 한 자루 쉴 새 없이 수직의 신음을 흘리느라
오늘 참 불쌍합니다
언제일까
얼마쯤 잘 썩어야 저리 고운 흙으로 되는 것일까
움푹 팬 흙구덩일 바라보며 생각합니다
불구로 자란 이력과
꽃이 되지 못한 나의 비린 언어들을
지금 여기에 묻어두자 마음도 단단히 먹습니다

—이 좋은 날 깊이깊이 잠드시게나

봄볕 나른한 오후
부채질하는 솔바람은 퍽 온순합니다
돌아오는 길엔
묻어두고 온 내 지난날을
마지막처럼 사랑해보았습니다
멀리로
꽃나무를 가득 실은 트럭이 털털거리며
산비탈을 힘겹게 올라가고 있었습니다

4月

꽃나무 가지에 앉아 있는 참새들의 포즈는 다양합니다

하품 하는 막내에게 손가락을 집어넣으며 까르르한 큰누나는

다음 주말엔 결혼을 한다지요

저쪽 건너편 나뭇가지는 좀 심각합니다

2月 메주와 3月 벚꽃을 꽉 쥐고 있는 할머니 참새가 돈을 잃었나 봐요

경로당 화투판이란 게 으레 시간을 끄는 법인데요

"빨리 쳐, 이 할망구야"

참다못한 어느 참새가 짹짹거리기 시작합니다

봄물이 오른 나뭇가지가 요염하게 허리를 비틉니다

바람이 붑니다

방금 전 커피 잔을 나르고 온 듯합니다

아마도 그녀는 전생에 물결로 살았을 겁니다

마음을 다쳐 꽃을 피우지 못하는 꽃나무에게

꽃잎을 날려 온몸을 감싸주는 이웃나무들이

전생의 물결인 바람과 함께 서 있는 지금은 4月입니다

장미

너에게는 비유법을 쓰고 싶지 않다
간접화법으로 속삭이는 언어의 키스는
무조건 사양이다
나는 너로 인하여 딱 한 번의 거짓을 말했다
너를 만들다 귀가 얇아진 우리의 하느님께
너보다는 하느님 당신을 더욱 더 사랑한다고
맹세코 불륜은 없었노라고
그렇게 딱 한 번.

옛날 옛날에

서기 2010년쯤이니까
지금부터 엄청 까마득한

옛날 시흥시 은행동 어느 화가는
얼굴을 그릴 때마다
입을 빼놓고 그렸단다
괴이한 도깨비 그림이라고
사람들은 지청구를 해대었지
어느 날 화가는 집채만 한 바위에
門을 그려놓고는 그 門을 열고 안으로
쑥 들어가 버렸단다
잠시 후 바위 속에서 음성이 들려왔지
'세상에서 제일 시끄러운 세 무엇이나
그건 입 달린 것들이다'
그러자 바위가 굴러가기 시작했단다
이내 바위에 그려진 門은 지워지고
화가는 영영 나오지 않은 게지

이 이야기는 옛날 옛적 박길목이라는 조상이 쓴 건데
웃기지?

어느 구리철선의 이력서

이름 : 구리
본적 : 어느 산골의 구리 광산
생년월일 : ?
전직 : 1원짜리 동전
현직 : 구리철선

그렇죠. 본인이 분명합니다. 그야말로 제 유년은 1원짜리 삶이었습니다.

어느 꼬마의 컴컴한 호주머니에서 때 묻은 얼굴로 나날을 보내는 게 다반사였지요.

어느 날 꼬마는 무척이나 심심했던지 나를 가만히 철로 위에 올려놓았지요.

퉤퉤 침까지 바르면서 말입니다. 저만치서 놀란 제 심장소리만큼이나……. 커다란 쇠바퀴를 굴리며

기차가 덤벼드는 순간 난 눈을 감아 버렸죠. 눈을 떠보니 1원이란 숫자가 이미 지워졌던 걸요.

철로 위에 걸쭉히 달라붙은 구리 껌만이 오후의 햇살 속에 반짝거리며 아파했지요.

용광로가 그렇게 뜨거운 줄 몰랐네요. 내 뼈가 녹아 물이 될 줄 상상이나 했겠어요.

누군가 시원한 입김을 내 영혼에 넣어주고 있었어요. 나는 아주 가늘고 긴 머리카락을 가진 채

부활했지요.

만약 그대가 몹시 그리움을 앓고 있다면 어디 한번 코드를 꽂고 내 안으로 들어오시지요

나는 당신을 세상에서 가장 빨리 전송해 드립니다.

설마 1원짜리라고 그리움도 까막히 모르겠어요?

개그맨 하느님

나는 지금 심심하다
풀밭에 깍지 끼고 누워
나체의 하늘을 구석구석 무일푼 감상하고 있다
최근에 안 사실인데
하늘에도 푸른 목장이 있고
산 그림자 다이빙하는 맑은 호수도 분명 있다
늙은 하느님은 가끔 양떼구름을 몰고다니다
배고프면 틀니를 빼고 양젖을 빨아 먹었다
애무를 받은 암양의 두 볼이 붉게 달아올랐다
비밀 많은 하느님이 그 장면을 목격한 나에게 화들짝 놀란다
하느님은 머리를 긁적이며 쉿! 거래를 요구한다
모름지기 인간이란 융통성 있게 살아야 한다고 충고도 해줬다
앞으로는 내 기도를 다 들어주시기로 했다
다만 귀가 어두우니, 성능 좋은 보청기를 사달라고 말씀하신다
저쪽 꽃노을 핀 서산 너머로 양 떼를 몰고 터벅터벅 걸어가
시는 우리 하느님, 마지막 남기신 한마디 퍽 인상적이다

…그렇다고 꼭 사달라는 건 아니다.

근시, 혹은 원시

근사했는데
늘씬하고 멋있었는데
가까이서 보니 멀리서 볼 때보다
훨씬 잘 보이네 그랴
기미 주근깨 다 보이네
눈 딱 감고 안 볼 걸 그랬나
그냥 멀리서만 바라볼 걸 잘못했었나
그래도 말씀은 그럴싸하게 해야제
기미 주근깨가 매력이라고
'엄청' 이란 단어도 힘주어 구겨 넣으면서
맘에 없는 말이라도 콧구멍 파듯 해 줘야제

근데 뭐라고?
그건 사람이 아니고
잉? 마네킹?

어느 모더니즘 화가의 여름江

물 위에 지 얼굴을 비추며 여드름 짜는 수양버들 아래
나그네는 등짐 벗어 잠시 발을 담가도 좋다는 어명을 내린 후
中天에서 갈기를 세운 채 옥좌에 앉은 太陽은 목이 말라 물을 들이킨다
강물이 쭉쭉 빨려 승천한다 꼭 이무기의 형상이다 강의 옷이, 비늘이 벗겨진다
부끄러운 알몸의 江,
처녀의 江,
브래지어와 비키니만 남아 아슬아슬한 江,
그 속곳으로 다이빙하는 나그네는…….

수컷이다

땡볕

프라이팬 위,
계란을 올린다
가스 불을 켜는 동안 잠깐의 침묵 끝
드디어 기름이 끓고 튀는 소리
구름이 되어 번지는 흰자와
이글거리는 노른자의 반란

그걸 누군가 휘－익 힘차게 던지자
하늘 천장에 처억 달라붙은 계란 프라이

지상의 낙원을 매섭게 째려보고 있다

말복末伏

짱짱 하늘 태양 비틀거리고

쩔쩔 가마솥 아지랑이 비틀거리고

질질 산길 나그네 비틀거리고

헐헐 옆집 개 혓바닥 비틀거리고

음음 빨랫줄마다 빨랫줄마다

음음 숨통 꽉 쥐어짠 행주 비틀거리고

아으 아으으 엿물 뒤집어 쓴 몸뚱이야

찐덕 몸뚱이야

| 후기 |

詩와 동행을 하며

내가 시를 쓰게 될 줄은 몰랐다. 사춘기 소년 시절 그저 옆구리에 시집 한 권을 끼고 언덕에 앉아 멋있는 시 구절을 읽고 외우던 낭만이 고작이었는데 말이다. 나는 연기파 배우가 되고 싶었다. 애당초 잘생긴 외모와는 남남인 터라 연기로 승부를 건 더스틴 호프만 같은 명배우가 되고 싶었던 것이다. 물론 모 대학 연극영화과에 응시하여 보기 좋게 낙방하였지만 그 꿈을 저버리지 못해 대학 동아리 연극반 '멍석' 에 가입하게 되었다. 선배님들에게 연기에 '끼' 가 있다고 칭찬을 들을 때마다 우쭐한 마음에 더욱 연기연습을 했다. 셀라 딜래니의 「꿀맛」에 캐스팅되면서 나는 문학, 그 중에서도 詩라는 장르에 푹 빠졌다. 배우들이 외치는 대사 한마디 한마디가 아름다운 시와 노래로 어우러져 나를 충분이 매료시켰기 때문이다. 그때 우리의 연기를 지도했던 선배님 한 분은 지금 우리나라 유명한 중견 연극배우가 되셨다. 바로 이호성이라는 분이다. 아무튼 나는 많은 문학작품과 시를 읽었다. 그 후 여러 번 신춘문예에 응모했지만 당선은커녕 본선에 이름이라도 올랐으면 소원이 없겠다고 지인들에게 말하곤 했다. 나는 실망했다. 문학에 자질은 전혀 없고, 그렇다고 훌륭한 연극배우가 되어있는 것도 아니고……. 결혼을 하고 세 자녀의 가장이 되면서 나는 문학을 버리고 살았다. 가족의 생계를 위해 전념하여야 하는 이유가 전부였다. 詩를 써서는 밥을 먹지 못하겠다고 판단했다. 또한 재능도 보이지 않았다. 정신없이 먹고 살고 그렇게 흘러 흘러 불혹의 나이가 될 때쯤 꿈을 꿨다. 어느 여름날 낮잠을 자는데, 노인 한 분이 주먹으로 내 머리를 쥐어박으며 “야 이놈아 글 안 쓰고 뭣하고 있냐” 하시면서 사정없이 화를 내시는데 깜짝 놀라 깨어보니 꿈이었다. 나는 지금도 시를 잘 모른다. 인생이 그렇듯 詩에서도 정답은 없어 보인다. 그러나 가만히 생각해보니 詩를 쓰면 쓸수록 정답은 안 보이고 오답은 잘 보인다는 것을 알았다. ‘옳거니 인생은 정답을 찾아가는 것이 아니라 오답을 피해가는 거로구나.’ 그렇다. 나는 지금 나의 과오와 잘못된 언어와 말들을 버리는 작업을 하고 있다. 어설프지만 매달리고 있다. 하지만 詩 아닌 詩를 가지고 이렇게 불쑥 얼굴을 내밀게 되어 여러 문우님들과 독자 분들께 죄송하고 송구스러울 따름이다.

문학의전당 · 신작시집
11월 마지막은 어쩌면 흐림

초판인쇄 2010년 12월 3일
초판발행 2010년 12월 9일

지 은 이 박길목
펴 낸 이 김충규
펴 낸 곳 **문학의전당**
출판등록 제387-2003-00048호(2003년 9월 8일)

주　　소 121-718 서울특별시 마포구 공덕2동 404번지 풍림VIP빌딩 202호
전화번호 02-852-1977
팩시밀리 02-852-1978
블 로 그 http://blog.naver.com/mhjd2003
전자우편 mhjd2003@naver.com

I S B N 978-89-93481-77-8 03810

*이 책은 시흥시 문예기금을 받아 제작되었습니다.